POUR QUI VOTER ?

BONS CONSEILS

DE

PIERRE MAÇON

VIEUX RÉPUBLICAIN CREUSOIS

A SON BRAVE AMI JEAN MARCHOIS

PARIS

GRANDE IMPRIMERIE

J. CUSSET, imprimeur,

123, rue Montmartre, 123

POUR QUI VOTER?

POUR QUI VOTER ?

BONS CONSEILS

. DE

PIERRE MAÇON

VIEUX RÉPUBLICAIN CREUSOIS

A SON BRAVE AMI JEAN MARCHOIS

PARIS

GRANDE IMPRIMERIE

J. CUSSET, imprimeur,

123, rue Montmartre, 123

—

1882

POUR QUI VOTER?

Jean Marchois. — Ça, vous voilà, père Maçon. Je remercie le hasard de la rencontre. Depuis hier, j'avais en tête de vous causer.

Pierre Maçon. — Eh bien! causons, ami Marchois. En quoi puis-je t'être de conseil?

Jean Marchois. — Voici le point. Vous savez comme je travaille, combien je suis pris par nos champs. On ne laboure pas avec la politique, et les journaux ne tiennent lieu de charrue. Pourtant voici l'heure d'élire un député, et pour le second tour, je crois. La première fois, c'est-à-dire dimanche, je n'ai pas voté.

Pierre Maçon. — Pas voté ! Et pourquoi ? Tu as eu tort.

Jean Marchois. — Oh ! je le sais trop. Les uns par-ci, les autres par-là, tout le monde m'a-t-il assez houspillé? « Marchois, c'est de la bêtise ! » Attrape. « Marchois, c'est avec des gars comme toi qu'on reste vingt ans sous la patte d'un maître ! » A l'autre ! Enfin, tant il y a que je ne veux plus m'attirer de criailleries et que je voterai, cette fois.

Pierre Maçon. — A la bonne heure !

Jean Marchois. — Oui, à la bonne heure ! C'est joli à dire, cela. Seulement, il y a un point qui me gêne : je voterai, mais pour qui ? Savez-vous combien on m'a soufflé de noms ? Pas moins de quatre. « Cornudet, » me dit notre curé. « Jourdain, » me glisse Petit-Jean. « Jezierski, » me conseillent les vieux routiers de l'endroit. Le quatrième... Tiens ! le quatrième, j'ai oublié son nom.

Pierre Maçon. — Bah ! ça n'a pas d'importance. Des trois autres tu peux encore en éliminer un. Evidemment, lorsqu'on l'a recommandé, c'était avant le premier tour.

Jean Marchois. — Que voulez-vous dire ?

Pierre Maçon. — Eh bien ! M. Jourdain. Au premier tour tu aurais pu le choisir. Maintenant c'est trop tard, puisqu'il a déclaré à vingt reprises qu'à ses yeux M. le comte Cornudet était un faux républicain, un clérical, et que jamais il ne voterait pour lui. Tiens, voici justement sur le mur une affi-

che de M. Jourdain ; lis toi-même comment
il arrange M. le comte.

Jean Marchois. — Voyons cela. Je lis :

« *Le citoyen Cornudet ne vous est connu*
» *que par ses aïeux de triste mémoire. Ils*
» *ont collaboré maintes fois au démembre-*
» *ment de la patrie, car nous ne devons*
» *pas oublier que son père a voté la guerre*
» *de 1870-1871, qui nous a coûté onze*
» *milliards trois cents millions et la perte*
» *de l'Alsace et de la Lorraine. Le pro-*
» *gramme de ce candidat n'est pas suffi-*
» *samment républicain pour nous inspirer*
» *la moindre confiance et faire oublier les*
» *tristes souvenirs qui s'attachent à son*
» *nom. Nous devons d'autant plus douter*
» *de sa sincérité qu'il a prêté récemment*
» *son concours aux congréganistes, les*
» *pires ennemis de la France et de la*
» *République, lorsqu'on a tenté de les*

» *débusquer des positions qu'ils occupent*
» *dans notre pays.*

» *Citoyens, vous considérerez ce can-*
» *didat comme réactionnaire.* »

Eh bien, voilà qui n'est pas mâcher les mots. C'est bien vrai tout de même ; feu mon père disait souvent : les Cornudet, il faut s'en méfier ; ils n'ont qu'une politique, se mettre toujours du côté du manche ; et c'est ainsi que nous, les pauvres gens du pays, nous avons toujours été conduits par eux comme des chevaux.

Pierre Maçon. — Oui, des chevaux ; tu dis bien, car c'est le terme méprisant dont se servait, l'autre jour encore, le journal de M. le comte, en parlant des ouvriers émigrants comme moi : nous sommes solides au travail et nous aimons de tout cœur la République, aussi nous ne voulons pas qu'on conduise les citoyens comme des imbéciles par le bout du nez et qu'on nous paye en belles paroles. Voilà pourquoi nous avons tous dit et nous disons encore qu'un bon républicain qui veut que ce soit la Chambre qui fasse marcher le gouvernement, et non pas que le gouvernement fasse marcher la Chambre, ne peut pas voter pour une girouette comme M. le comte.

Jean Marchois. — Oui, mais comment se fait-il qu'il ait eu pour lui tant de centaines de républicains au premier tour ?

Pierre Maçon. — Tant de centaines ! Où les prends-tu, farceur ? Les nobles, les curés, les gens d'église, les bonapartistes, les blancs, sont-ce là des républicains, selon toi ? Vois déjà comme ils redressent la crête, pleins d'arrogance, menaçant toutes les petites gens, annonçant une éclatante revanche contre les républicains. Si M. le comte l'emportait, notre instituteur n'aurait qu'à ficeler ses paquets. Le curé lui aurait bientôt réglé son compte. Eh bien, quand tu auras retranché tout ce beau contingent du total de ses voix, il ne restera guère de républicains. Mettons quelques trentaines de centre-gauchards ou de dissidents à la manière Jules Simon, qui sont surtout des mécontents, des aigris, envers qui la République a commis cet impardonnable méfait de ne pas leur avoir donné toutes les bonnes places, et tu auras au complet tout le recrutement du comte.

Jean Marchois. — Et les trois autres ?...

Pierre Maçon. — Au lieu que les trois autres ne comptent que des démocrates pour eux : les républicains qui leur ont donné leurs voix peuvent être séparés sur des questions d'opportunité, de vitesse, de nuances, mais du moins ce sont tous des républicains.

Jean Marchois. — Oui, mais M. le comte a une belle fortune, ce qui donne toujours de l'assurance et de la considération ; il a beaucoup appris dans ses études et a remporté des brassées de prix à son collège ; enfin, il a été soldat, et il a maintenant les galons de sous-lieutenant.

Pierre Maçon. — En sorte, mon pauvre homme, que, parce qu'il est riche, bachelier et sous-lieutenant, il faut que nous fassions du comte un député ? Riche ! mais, Dieu merci ! la circonscription n'est pas à vendre. Et qui le sait mieux que toi, Marchois, toi, l'honnêteté même, qui ne voudrais pour un million faire ou dire ce qui ne te conviendrait pas. Bachelier ! mais le latin ne suffit pas à conduire les affaires. Sous-lieutenant ! après cinq ou six années de service? le beau miracle ! Tiens, mon brave, allons droit au fait : Es-tu républicain ?

Pierre Maçon. — Et un peu, que je le suis. Les empereurs et les rois m'ont coûté trop cher, puisqu'ils m'ont coûté mon fils, mon Jacques bien-aimé, mort de froid et de fièvre, en captivité à Stettin.

Jean Marchois. — Eh ! bien, alors, plus de doute. Plantez là Cornudet. Un hobereau en herbe qui, enfant, n'a eu devant les yeux que le culte du passé monarchique, qui, collégien, haranguait le prince impérial, jeune homme, n'a fréquenté que les ennemis jurés de la République, faisant la roue au *Jockey-Club* et aux chasses princières de Chantilly, un tel caméléon se donner pour républicain ! Allons donc ! La conversion est bien récente, alors ! Et c'est curieux qu'il ait attendu pour retourner son habit la veille des élections.

Jean Marchois. — Mais puisque, publiquement, il donne sa parole qu'il défendra envers et contre tous la Constitution actuelle ? Sa volte-face est subite, soit ; mais sans doute elle est sincère. Pourquoi voudrait-il nous tromper ?

Pierre Maçon. — Pourquoi ! Ah ! comme on voit bien que vous êtes de la pâte des braves gens. Vous, qui n'avez qu'un visage, vous ne comprenez pas qu'on en puisse avoir deux.

M. le comte nous dit crânement dans sa profession de foi qu'il veut l'instruction laïque. Eh bien, il y a six mois, dans sa propre commune, à Crocq, où il est conseiller municipal, il a voté contre la laïcisation de l'Ecole des filles. Il disait alors que les bonnes sœurs donnent pleine satisfaction aux pères de famille !

Il affirme qu'il a toujours été républicain. Or, au lendemain de la mort de son père, il écrivait : « *Mon père n'a jamais renié son passé ; nous recevons un héritage d'honneur qu'aucun de nous n'a songé à répudier.* »

C'était parler en bon fils ; maintenant, aux électeurs, il déclare précisément le contraire.

Certes, le comte est trop jeune pour avoir encore rien fait de sérieux en politique ; il ne s'est mêlé que d'une élection au conseil général, dans son canton de Crocq. Crois-tu qu'il ait soutenu le candidat républicain ? Point du tout ; il a pris parti pour le réactionnaire, M. Defournoux-Larode.

Que croire ? M. le comte disait-il la vérité quand il parlait contre la République ? Ou bien dit-il la vérité maintenant, lorsqu'il parle pour ?

Jean Marchois. — Ma foi, il y a bien quelque chose...

Pierre Maçon. — Mais, tiens, je te fais la part belle. J'admets l'entière bonne foi du comte; je pose qu'il est sincère, que ce qu'il promet, il le veut loyalement. Mais pourra-t-il le vouloir longtemps? A la longue ne se sentira-t-il point comme pris dans l'engrenage monarchique qui s'agence autour de lui? M. Cornudet se proclame républicain? Pourquoi donc sa candidature est-elle soutenue par le journal bonapartiste l'*Abeille de la Creuse* qui ose dire expressément : « Tous nos amis se compteront sur le nom de M. Cornudet? » Pourquoi tous les curés sonnent-ils les cloches, sermonnent-ils, j'allais dire processionnent-ils en son honneur? D'où vient que l'escorte électorale qui partout l'accompagne, est invariablement composée de tout ce qui déteste le petit peuple, flagorne les heureux de la fortune et ne rêve que faire marcher tout le monde? D'où vient que ses porte-voix dans les réunions, dans les foires, partout enfin, se trouvent être des pénitents blancs et des pénitents noirs, ce qui leur permet, après boire, de mêler leurs couleurs et d'être tous des pénitents... gris ? Tu reconnais l'un, conseiller général qui a servi indistinctement tous les régimes, afin de rester le maître, sous chacun d'eux, de malmener les bonnes gens, de menacer et faire le Croquemitaine; mal d'ailleurs, dit-on, en ses affaires; ce qui devrait un peu refroidir son zèle de diriger les affaires des autres ? Faut-il te citer cet autre conseiller général, réactionnaire fieffé, qui sait fort bien à l'occasion se donner un libéralisme d'emprunt et pense comme il parle, toujours en deux sens, à ce point que son fameux mot :

« Le banquet du 16 Mai sera le plus grand *des honneurs* ou *déshonneur* de ma vie » est encore pour le pays une devinette, et qu'on n'a pu encore décider laquelle des deux orthographes était la bonne?... Je pourrais continuer la kyrielle. Mais à quoi bon? Le spécimen te suffit, je suppose. Bref, tu sais le proverbe : Dis-moi qui tu hantes et je te dirai qui tu es.

Jean Marchois. — J'avoue que cette fréquentation me chiffonnait aussi, et plus d'une fois, en voyant M. le comte passer avec son entourage, je me suis dit : Quelle rage a-t-il donc de choisir, pour le piloter, tous les êtres les plus impopulaires de notre liste? Il y a plus encore, je vous confesserai que, bien que je ne connaisse point directement M. Jezierski, que même je n'aie pu trouver le loisir de l'entendre aux réunions, je connais ses parrains politiques, et si quelque chose pouvait me bien disposer en sa faveur, ce serait l'honorabilité de ces gens-là. Il est certain qu'avoir pour soi un Gervais de la Fond, le digne, le respecté conseiller de Gentioux que j'ai' l'autre jour, entendu nous recommander M. Jezierski à Saint-Marc, à Loubaud'; que pouvoir se dire appuyé par des hommes tels que le docteur Duchez, ce vaillant; que posséder les sympathies des trois dignes conseillers d'arrondissement, Desfemmes de Felletin, Combaudon de Gentioux, Assollant de Saint-Sulpice-les-Champs, est une recommandation d'une fière valeur.

Pierre Maçon. — Ajoute le meilleur : c'est notre digne ami, le glorieux vétéran de la démocratie creusoise ; Martin Nadaud. Celui-là n'a jamais varié ; il ne nous a jamais trompés ; il a toujours dit franchement la vérité : tout pour la patrie, pour le peuple et pour la République. Or, il nous conseille maintenant comme autrefois de refuser nos votes aux Cornudet,

J'ai là sa brochure de 1869, voici comment il jugeait le rôle politique de cette famille. Ecoute bien, Jean Marchois :

« Pourriez-vous vous vanter de leur at-
» tachement à un principe, à une Constitu-
» tion, à une liberté, à une dynastie même?
» Nous vous répondrions aussitôt qu'ils
» sont morts la conscience chargée de plu-
» sieurs serments et infidèles à leurs
» amitiés.

» Le premier Cornudet fut nommé
» comme républicain pendant la grande
» époque qui humilia les rois et les re-
» poussa au moment où ils avaient le pied
» sur notre territoire. Oui, il était un des
» élus de cette révolution qui proclama
» pour nous, enfants bâtards et dégénérés,

» le droit moderne qui a réhabilité l'ou-
» vrier, si cruellement traité par les rois
» et la noblesse dans le cours de notre
» vieille histoire.

— » Que fit-il ?

» D'accord avec Lebrun et Renier de la
» Meurthe, il proposa, à la suite de plusieurs
» mois de conspiration contre la République
» de remettre le commandement de la dix-
» septième division militaire au généra
» Bonaparte, ce qui permit à celui-ci de
» marcher avec la force armée sur le consei
» des Cinq-Cents.

» Il prêta, en un mot, les mains au dix-
» huit Brumaire, ce deux Décembre du
» premier Empire, et le prélude des deux
» invasions qui ont si profondément afflige
» les Français dignes de ce nom.

» Mais M. Cornudet ne s'en tint pas là :
» en vrai courtisan de l'étoffe du vieux ma-
» réchal de la Feuillade, il fit insérer, dans
» le *Moniteur* du lendemain, 19 brumaire,
» qu'il avait été le premier à rendre visite
» au général, assassin de nos droits et de
» nos libertés.

» Aussi notre homme fut bientôt baron,
» bientôt sénateur, bientôt un grand de
» l'Empire.

» Sous la Restauration, les Bourbons
» semblent avoir dédaigné cette famille.
» Aussi cherchait-on, à Crocq, le moyen de
» faire passer cet isolement forcé pour du
» libéralisme et de l'indépendance.

» En 1830, M. Cornudet IIme, père de
» notre député actuel, salua la Révolution
» de juillet, bien que son père eût renié
» celle qui l avait fait sortir de l'obscurité.

» L'arrondissement d'Aubusson ne tarda
» pas à faire de lui son député, et, comme
» M. Cornudet était d'un caractère docile
» et qu'il eut la chance d'avoir pour beau-
» frère un ministre, il en profita pour se
» faire nommer pair de France.

» Dès lors, il n'eut plus rien à envier à
» son père, qui avait rejeté la simplicité
» républicaine pour se couvrir du manteau
» de sénateur.

» Après le coup d'Etat de 1851, on con-
» serva, à Crocq, des velléités orléanistes.
» Pourquoi? Parce que ce parti de la
» branche cadette va répétant partout que
» l'Empire ne durera pas. Mais voilà que
» l'Empire dure! Le troisième des Cornu-
» det, l'arcadien du jour, perd patience.
» Il met, lui, orléaniste, neveu du terrible
» ministre Duchatel, sa cocarde dans sa
» poche, et il se fait impérialiste.

» J'espère que les électeurs de la Creuse,
» avec leur gros bon sens gaulois, jugeront
» d'eux-mêmes ces fluctuations de conduite,
» et que, par respect pour la morale poli-
» tique, ils ne nommeront pas M. le comte
» de Cornudet. »

Jean Marchois. — Et que conseille maintenant notre bon et cher Nadaud ?

Pierre Maçon. — Il conseille haute-ment, formellement, de voter pour Jezierski. Et venant de lui, le conseil doit être écouté par tous les bons républicains qui ne veu-lent pas que notre brave Creuse retombe sous le joug de la réaction.

Jean Marchois. — Tu as raison ; je n'ai plus qu'un scrupule : ce M. Jezierski, je sais bien qu'il n'est pas un étranger, en dépit de la bêtise de ceux qui le disaient tel, car ses amis montrent à qui veut sa

carte électorale et son livret de service ;
seulement il n'est point d'ici, il a ses affec-
tions, ses intérêts, ses occupations ailleurs.
On ne pourra le consulter sur nos besoins,
le voir quand nécessité sera. Candidat, il va
et vient parmi nous : député, il s'envolera.

Pierre Maçon. — En êtes-vous sûr ?
N'est-ce pas au contraire un homme, tel
que M. Jezierski, dont la politique est la
vie même, que son métier de journaliste a
rendu, dès longtemps, le réceptacle de tant
de confidences, le confesseur volontaire de
tant de plaignants, qui, par habitude, par
nature, est voué à nous servir d'intermé-
diaire toujours exact, d'interprète fidèle et
autorisé pour nos revendications ? Ses liai-
sons même à Paris, son passé de tous connu,
le sérieux de sa vie, sa réputation de labo-
rieux et de chercheur, sont autant de rai-
sons qui garantissent son influence et nous
répondent de sa sûreté,

Jean Marchois. — Oui, mais le verra-t-on?

Pierre Maçon. — Parbleu! si, on le verra. Il viendra, parmi nous, s'inspirer de nos volontés, nous soumettre sa politique. Avec lui, les lettres ne courront point risque de rester sans réponse, car la profusion de la correspondance est encore une condition du journalisme. Continuateur du regretté Le Faure, son frère d'armes, son collaborateur, son ami, il a vu ce grand consciencieux, auprès de lui, chaque jour, accomplir avec un noble zèle les devoirs qu'impose le mandat et il n'aura, pour lui ressembler, qu'à se souvenir. Mais M. Cornudet, quel répondant nous offre-t-il? Ses amitiés? vous les voyez! De garanties, point. De passé, néant. Des paroles en l'air, apprises par cœur et bien mal, car il s'embrouillait à les répéter. Voilà tout son actif. Il faut l'excuser. Il est si novice !

Jean Marchois. — Mais lui, du moins, habite ici.

Pierre Maçon. — Sans doute, parce qu'il n'est encore que candidat. Mais élu, comptez un peu que monsieur le comte viendra s'encanailler parmi nous. Que dis-je ? Même à présent, est-il si commode d'aller lui confier nos désirs ? Le château de Crocq est une résidence bien seigneuriale.

Jean Marchois. — Le fait est que je n'y aurai pas mis les pieds bien souvent.

Pierre Maçon. — Vous voyez donc bien. Il ne suffit pas que l'on habite dans notre voisinage, pour que l'on soit accessible à notre compagnie. Allons ! allons ! Le temps est fini des privilèges du sang et de l'or. Qu'ils gardent leurs écus et leur blason, mais ne se mettent point en fantaisie de nous faire tourner comme des toupies. Nous avons chèrement appris — tu le disais toi-même tout à l'heure — ce qu'il en coûte à un pays de s'abandonner au perfide attrait de l'argent. Rappelle-toi comme les jouisseurs de l'empire attirèrent la France dans leur traquenard doré. Aujourd'hui, coût : deux provinces perdues et 3 milliards d'impôts à payer.

Jean Marchois. — C'est fait. Je suis des vôtres et me voilà converti. Encore, je dis mal : converti n'est pas juste. Je voulais posséder la vérité sans voiles, sans déguisement. Ton honnête parole, Maçon, me l'apporte. Merci. Mais toi-même, dis-moi, où as-tu appris a être si persuasif ?

Pierre Maçon. — Tout simplement à lire et à écouter. J'ai comparé les hommes, comparé les antécédents, comparé les langages. Et ma croyance que l'élection Cor-

nudet serait funeste à notre chère contrée
est si impérieuse, que je deviendrais aphone
à le crier. Je ne veux point d'un député
qui entrerait peut-être dans nos coteries de
campagne, encouragerait tel clocher aux
dépens de tel autre, prendrait parti pour
ou contre tels et tels, et, en revanche, igno-
rerait absolument tous les grands intérêts
de ce pays. Je veux un député impartial,
étranger aux petites querelles, voyant les
choses de haut, favorisant les intérêts jus-
tes ; je le veux éclairé, rompu aux affaires,
mûri par la réflexion et par l'étude, indé-
pendant, démocrate, ayant donné des gages
à la cause républicaine, tel enfin qu'était
Le Fauré et tel qu'est Jezierski.

Jean Marchois. — Eh bien ! je le veux
aussi, ami Maçon. Je suis ton homme !

Pierre Maçon. — Sûrement.

Jean Marchois. — Sûrement,

Pierre Maçon. — Allons, tope là. Et, dimanche, nous irons porter ensemble à l'urne le même bulletin.

Jean Marchois. — C'est chose dite : *Vive Jezierski ! Vive la République !*

GRANDE IMPRIMERIE (Société anonyme)
J. CUSSET, imprimeur, rue Montmartre, 123 — Paris.